Lb 4S.-169.

PROJET

D'UNE

CHARTE NATIONALE

POUR LA FRANCE,

Ou développement du vœu d'une Commune de campagne, exprimé dans le cahier de ses doléances, en 1789.

Q UAND finiront les oscillations politiques en France ? Quand aurons-nous une forme de gouvernement stable ? Ce ne sera qu'après avoir parcouru le cercle entier des illusions, et lorsque nous reviendrons au point d'où nous sommes partis, aux anciens et vrais principes de la monarchie. Trop de sagesse est folie ; plus l'homme s'éloigne de la sim-plicité de la nature, moins il est heureux.

L'épreuve que les français ont fait de tant de diverses constitutions, doit les avoir gué-ris de la manie des innovations. Ils n'y ont trouvé que le malheur et la ruine de la France.

Qu'il soit permis à un homme qui n'a pris aucune part à la révolution, qui n'a été d'aucun parti, qui n'est pas même *citoyen actif*, de proposer les vues qu'il avait autrefois conçues, non pour la destruction, mais pour la réformation du gouvernement.

———————————

A l'époque de la convocation des états-généraux, toutes les têtes fermentèrent. Chacun imaginait des plans de constitution à sa manière, et suivant ses dispositions particulières.

Moi aussi, j'appliquai mes méditations à cet objet, et je rédigeai, avec beaucoup de soin et de travail, un projet de *Charte fondamentale*, dans lequel, sans m'écarter absolument du plan antique du gouvernement français, je m'attachai à perfectionner ce plan, et à l'adopter à l'état actuel de la civilisation de la France.

Ce projet n'était que le développement du vœu de ma commune, exprimé dans le cahier de ses doléances ; vœu qu'en ma qualité de député de cette commune à l'assemblée des

trois Etats de mon baillage, j'avais inutile-
ment proposé aux commissaires nommés avec
moi pour la rédaction du cahier général,
d'insérer dans ce même cahier. Les habitans
des campagnes n'étaient rien aux yeux des ci-
tadins (1).

Voici à peu près quel était mon plan.

La forme du gouvernement était la monarchie pure, image du gouvernement paternel, mais mitigée par les lois, et par des
formes qui, sans choquer ni avilir l'autorité
paternelle, émancipaient jusqu'à un certain

---

(1) Le vœu de ma commune était conçu en ces
termes :

Si l'avis d'une simple communauté de campagne
pouvait faire quelque sensation, le vœu des habitans
de Frênes serait, qu'après avoir sondé les plaies de l'E-
tat, corrigé les abus les plus crians, et reconnu la né-
cessité d'une reconstruction totale de l'édifice politi-
que, l'assemblée des Etats avisât aux moyens de par-
venir à ce but, sans s'écarter absolument du plan antique, et surtout sans toucher à la religion, ni avilir
l'autorité royale ; mais que pour le moment, elle se
contentât d'étayer l'édifice, en se gardant bien de la
précipitation et des secousses qui ne sont jamais sans
danger; de crainte qu'en voulant tout faire, on ne vînt
à ébranler les fondemens de l'édifice, et ensevelir
l'Etat et les citoyens sous ses ruines.

point les fils de famille, représentés par les sujets du Monarque.

La loi salique était consacrée dans cette charte ; elle y recevait les explications et développemens nécessaires.

Le Roi en qui résidait l'autorité souveraine, comme dans sa source, en partageait l'exercice avec deux personnes intimement liées avec lui, et que l'on pouvait comparer aux deux aînés de la famille, qu'un père associerait au gouvernement de la maison ; l'une chargée du ministère de la parole et de la rédaction des lois ; l'autre chargée de leur exécution. C'était une image de l'essence divine, le meilleur modèle de gouvernement que l'on puisse incontestablement se proposer, dans quelque état que ce soit, et à quelque époque de civilisation que ce puisse être. Le nombre de trois est le plus parfait pour une société particulière et pour une assemblée délibérante.

La première de ces deux personnes portait, comme dans l'ancien gouvernement français, le titre de chancelier ; l'autre, celui de connétable également reconnu en France ; l'un et l'autre inamovibles et inviolables. Ces deux personnes réunies avec le

Roi formaient le conseil suprême , ou autrement le conseil intime.

C'était dans ce conseil que devaient se former les premiers plans de gouvernement et d'administration , et se traiter les affaires majeures et secrètes. Ces deux coopérateurs donnés au Roi, et choisis par lui , auraient été pour lui d'un grand secours; ils l'auraient éclairé , ils l'auraient mis à l'abri des surprises et des séductions auxquelles est sans cesse exposé un Souverain, comme tout autre homme livré à ses propres conseils.

Les premiers plans étant formés dans le conseil intime seraient discutés et recevraient leurs développemens et perfectionnemens dans le Conseil-d'Etat , divisé en plusieurs départemens qui seraient présidés, les uns par le chancelier , les autres par le connétable.

La réunion des différentes sections du Conseil-d'Etat formerait le Conseil général , qui serait présidé par le Roi, assisté de ses deux coopérateurs, dont la présence l'eût fortifié contre l'esprit de parti.

Je mettais, comme cela doit être dans une famille bien ordonnée, le pouvoir législatif entre les mains du Roi, à l'assistance de son conseil intime qui s'identifiait avec lui. Si l'autorité royale n'est que l'image de l'autorité paternelle, c'est à lui à donner la loi à ses enfans, et non à ceux-ci à la lui dicter. L'idée d'un corps législatif composé de sujets, est une idée contre nature ; elle est subversive du gouvernement monarchique.

Néanmoins, comme les hommes quelque sages qu'on les suppose, sont toujours sujets à l'erreur et quelquefois aux passions, les lois, avant de recevoir leur exécution, devaient être portées à la connaissance et à la vérification, mais non à la sanction d'un conseil national permanent, indépendant, composé, dans mon système, de quatre-vingt-quatre membres nommés à vie, se régénérant par lui-même, sans le concours du Roi ni du gouvernement.

Pour former ce conseil national, je divisais le royaume en douze provinces, et chaque province en sept départemens, formant en tout le nombre de quatre-vingt-quatre, dont chacun aurait fourni un membre au conseil national, et conséquemment chaque province sept membres.

Le conseil national se serait divisé en douze chambres. Chacune de ces chambres aurait

porté le nom de la province qu'elle représen-
tait. Elle aurait été spécialement chargée de
la défense de ses intérêts. La réunion des
douze chambres aurait formé le conseil général, chargé de la vérification des lois et
des autres fonctions générales intéressant le
royaume entier.

Les affaires auraient été préliminairement
préparées et éclaircies dans chacune des douze
chambres séparément, et ensuite discutées
et réglées dans le conseil général. Les différentes chambres auraient ainsi fait, les unes
à l'égard des autres, l'office de contradicteurs,
les décisions auraient été prises à la pluralité
des suffrages des chambres. Chacune d'elles
aurait eu son orateur qui aurait porté la parole en son nom.

Les séances du conseil national n'auraient
pas été publiques. Ses délibérations auraient
été consignées dans un registre ; mais elles
ne devaient être mises au jour que dans cer-
tains cas ou à certaines époques.

Si les lois portées par le Souverain obte-
naient l'approbation simple du conseil national, elles devenaient lois du royaume. S'il
y proposait des modifications, il devait en
être fait mention dans l'acte d'enrégistre-

ment ; mais sans préjudice à l'exécution pleine et entière de la loi , à laquelle le conseil n'avait pas le droit de s'opposer , non plus que des enfans n'ont pas le droit d'opposer de la résistance à la volonté bien prononcée d'un père.

Le conseil national avait le droit de faire des représentations et des observations respectueuses, au Roi , et de proposer des changemens et modifications aux lois, le tout par correspondance directe avec le Roi, par l'entremise du chancelier, sans passer par le canal des ministres. Mais ces représentations devaient être secrètes, comme celles que des fils bien nés prendraient la liberté de faire à leur père commun. Si les représentations n'étaient pas accueillies , les lois ne s'exécutaient pas moins , quoique non revêtues de l'approbation du conseil national. Elles portaient en ce cas son *visa* simple qui annonçait qu'elles n'avaient été enregistrées que par soumission, comme les anciens parlemens les enrégistraient quelquefois, *de l'exprès commandement du Roi*, mais sans aucune marque d'approbation ni de désapprobation. Dans ces sortes de cas, les lois n'étaient considérées que comme des actes d'autorité auxquels le peuple devait se soumettre, mais dont l'effet et l'exécution n'était que temporaire et ne devait durer qu'un, deux, ou trois ans, suivant l'espèce de la loi ; au bout duquel tems elles étaient annullées de plein droit et demeuraient comme non avenues ; à moins que le Souverain ne les renouvelât avant l'expiration du tems déterminé, comme il en aurait eu le droit. Dans ce cas, le conseil national pouvait publier les motifs de sa désapprobation, et les proposer à l'examen des conseils provinciaux. Et si le vœu de ces derniers, recueilli à la majorité, était conforme à celui du conseil national, la loi ne pouvait plus être mise à exécution. Ce concours d'opinions des conseils provinciaux et du conseil national était considéré comme une décision d'un conseil de famille, qui peut modérer l'exercice de l'autorité paternelle.

Les lois se divisaient, comme dans les anciens tems de la monarchie, en édits, ordonnances, déclarations et arrêts du Conseil d'Etat.

Une loi ne pouvait obtenir la force d'édit perpétuel et irrévocable qu'après dix ans d'épreuve, et après avoir subi les corrections, modifications et perfectionnemens que le tems et l'expérience faisaient juger nécessaires ; il appartenait au conseil national de provoquer ces changemens. Ce devait être une de ses occupations de considérer les résultats que produisaient les lois , leurs avantages et leurs inconvéniens , les lacunes qui pouvaient s'y rencontrer ; et , d'après ces considérations , de proposer les changemens ou ampliations qu'il convenait d'y faire. C'est ainsi que les lois se seraient perfectionnées dans la suite des tems , et qu'elles auraient acquis la maturité avec l'âge.

Les ordonnances étaient également susceptibles de corrections et modifications suivant les tems et les circonstances. Les déclarations approuvées et perfectionnées étaient annexées au corps des édits et ordonnances, et en devenaient parties intégrantes. On conçoit combien cette forme était propre à donner de bonnes lois à la France.

Le conseil national était spécialement chargé par son institution , il avait le droit et privilège de dire la vérité au Roi , en s'adressant à lui directement et sans intermédiaire , mais toujours avec respect et par écrit. Sa correspondance avec le Souverain devait rester sous le sceau du secret, auquel les membres auraient été obligés par serment, sous peine d'expulsion du conseil, contre ceux qui l'auraient violé. On aurait droit d'attendre les plus heureux effets d'une telle institution. La vérité a tant de peine à approcher des Rois !

Ce n'était que six mois après la mort du Roi que la correspondance du conseil national avec lui et les délibérations prises sous son règne devaient être rendues publiques, pour servir d'avis à son successeur, de matériaux à l'histoire et de motif au jugement de la postérité.

Après la mort du Roi, le conseil national avait le droit d'appeler par devant lui, les ministres qui avaient trompé le Souverain, qui avaient commis des malversations ou des abus d'autorité, de leur infliger des peines civiles, ou de les faire poursuivre devant les tribunaux criminels, si le délit était de nature à mériter une peine capitale.

Quant à la personne du Roi elle était inviolable et sacrée, comme l'est celle d'un père, même en le supposant coupable. Toutefois si un prince était venu au point d'abuser tyranniquement de son autorité, il pouvait être suspendu de ses fonctions , dans une assemblée générale des conseils nationaux et provinciaux, les pairs y séant.

, L'on voit que dans mon plan , je conservais le noble et antique cortège de nos anciens Souverains, les douze pairs du royaume, et la pairie, dignité héréditaire affectée aux plus illustres et plus anciennes maisons du royaume, mais qui n'aurait pas été un vain titre, tel qu'il était dans ces derniers tems. Dans mon système, chaque pair aurait été attaché à l'une des douze provinces, dont il aurait été le protecteur, et le médiateur auprès du trône. C'eût été lui qui aurait présidé le conseil provincial que je substituais aux anciens Etats de provinces. Les pairs auraient figuré, comme dans tous les tems de la monarchie, au sacre du Roi et dans différens autres actes solennels. Mais, par eux-mêmes, ils n'auraient eu aucune autorité.

Les conseils provinciaux, non plus que le conseil national, n'auraient pas été des assemblées tumultueuses, comme l'étaient autrefois les Etats-généraux et provinciaux. Je ne composais mes conseils provinciaux que de vingt et un membres, trois par chacun des sept départemens de la province. Ces députés auraient été choisis par les conseils provinciaux, parmi les hommes les plus distingués par leur naissance, leurs lumières et leurs qualités personnelles, qui composaient les conseils de département de la province.

Chaque conseil départemental se serait composé de sept membres. Ils auraient partagé l'administration avec le commissaire du Roi comme du tems des assemblées provinciales établies par Louis XVI, et comme cela se pratiquait sous le régime nouveau établi dans ces derniers tems.

Les conseils de département ne se seraient pas régénérés par eux-mêmes, comme l'auraient fait le conseil national et les conseils provinciaux; mais leurs membres auraient été choisis ou plutôt désignés par le peuple. Ces élections populaires n'auraient pas été, comme aujourd'hui, le résultat d'un circuit de formalités de parade, inutiles, fastidieuses, dangereuses même ; la brigue ni le caprice n'y aurait pas présidé; *la montagne en travail n'aurait pas enfanté une souris.* (Car je ne puis mieux comparer nos assemblées populaires d'aujourd'hui qu'à cet ingénieux apologue.)

Les formes que j'avais imaginées pour les

élections populaires, quoique bien plus sim‑
ples et plus naturelles, étaient propres à
discerner le vrai mérite, à exclure la brigue
et la faveur, et à donner conséquemment à
l'Etat de bons administrateurs.

Le choix des membres des différens conseils,
c'est-à-dire, des conseils national, provin‑
ciaux et départementaux, devait être abso‑
lument libre, sans entraves ni influence de
la part du gouvernement qui n'y devait con‑
courir en aucune façon. Seulement, après le
choix fait, les différens conseils devaient le
notifier officiellement au gouvernement (1).

On conçoit que le conseil national étant
purement consultatif et persuasif, n'ayant ni
autorité ni le droit de s'opposer aux volontés
du Roi, ne pouvait plus être à craindre, sinon
sous le rapport moral et d'opinion publique,
conséquemment le gouvernement n'avait plus
d'intérêt à se mêler de ces élections, sous le
rapport de la tranquillité publique. Il n'y
aurait eu qu'un gouvernement corrompu qui
eût eu quelque chose à craindre du conseil

---

(1) L'expérience a prouvé combien pouvait être dan‑
gereuse et funeste à l'Etat, l'influence d'un gouverne‑
ment tyrannique et corrompu, sur les élections.

national, et des hommes probes qui l'auraient composé.

Lorsque, dans des circonstances majeures et solennelles, comme la paix ou la guerre, les alliances et autres cas semblables, le Roi serait venu siéger au conseil national, S. M. aurait été accompagnée de son conseil intime, c'est-à-dire du chancelier et du connétable, et des douze pairs ; pas plus. (Ces fastueuses représentations introduites par le gouvernement qui vient d'être renversé, ne conviennent pas à un gouvernement paternel. Un père, au milieu de sa famille, n'a pas besoin de tout cet appareil.) Alors le conseil national, réuni au souverain et aux pairs du royaume, aurait pris le titre de Parlement, suivant l'antique et respectable institution, qui aurait seulement été simplifiée, perfectionnée et accommodée aux mœurs actuelles qui ne comportent plus d'assemblées si nombreuses et toujours tumultueuses. Les séances du Parlement auraient néanmoins été publiques, et ses décisions irréfragables.

Le Parlement se serait régulièrement et de droit assemblé, de cinq ans en cinq ans, à jour fixe. C'eût été dans ces assemblées nationales qu'on aurait établi et réglé les impôts

et contributions ordinaires que la nation devait fournir au Roi, dans cet espace de tems,
suivant les besoins de l'état (1). Les impôts
extraordinaires que certaines circonstances
peuvent rendre nécessaires, auraient été éta-
blis par le Roi dans l'assemblée générale de
son Conseil-d'État, avec la formalité de la
vérification par le conseil national, comme
on l'a dit ci-devant.

Par des motifs très-importans, j'établissais
la résidence du conseil national au centre de
la France, et non dans la capitale, ni dans
aucune ville, ni résidence royale ; dans un
palais national, de structure noble, mais
simple et commode, construit, pour cet
usage, dans une position agréable et saine.
Chaque membre du conseil national devait

---

(1) Le retour de l'assemblée législative, chaque
année, me paraît trop fréquent. C'est le moyen d'en
dégoûter et de le faire tomber. On peut bien établir
l'impôt ordinaire pour cinq ans. D'ailleurs les dépla-
cemens de tant d'hommes sont très-dispendieux ; et
puis, sans doute, la fabrique des lois deviendra moins
active par la suite. Combien n'en a-t-on pas fait depuis
vingt ans ! Dieu n'a donné que douze commandemens
aux hommes; c'est bien différent de nos législateurs
modernes.

y avoir son appartement particulier, pour lui et sa famille, avec des aisances et dépendances convenables.

Un appartement d'honneur y était destiné et réservé au Souverain, aux deux membres du conseil intime et aux douze pairs du royaume, pour leur servir de logement, lorsque les affaires publiques ou leur volonté les appeleraient auprès du conseil.

De ce palais devait dépendre un territoire environnant, d'une assez vaste étendue, pour servir de dotation au conseil national, et produire un revenu suffisant pour la subsistance modeste de ses membres et de leur domestique. Je dis modeste, parce qu'il entrait dans mon plan que le traitement des membres du conseil national n'excédât pas les strictes bornes du nécessaire, sans superfluité, afin d'exclure la cupidité qui ferait ambitionner les places au conseil, à des hommes indignes de les remplir, le faste et le luxe qui corrompraient bientôt le conseil et ses membres s'ils étaient dans l'opulence, et encore pour ne pas surcharger l'Etat d'une dépense qui aurait un effet contraire à l'esprit de l'institution. Ce territoire, au surplus, devait être déclaré indépendant et inviolable, franc et exempt de toutes contributions et charges publiques. La police et la jurisdiction en auraient appartenu au conseil, ainsi que le jugement de ses membres.

Il entrait dans mon plan que, dans l'enceinte du territoire national, il y eût un établissement d'éducation et d'instruction dirigé par les hommes les plus instruits dans les différens genres de sciences, dans lequel auraient été élevés les princes de la famille royale, appartenant spécialement à l'Etat, et les enfans des plus illustres familles de la France. On y aurait aussi admis un certain nombre de jeunes gens choisis dans les différentes classes de la société, en qui on aurait reconnu le germe des vertus, et des talens naturels supérieurs. Rien de médiocre et de vicieux n'aurait été reçu dans cet asyle de l'innocence et des talens. Cet établissement aurait été placé sous la surveillance du conseil national.

Je fondais sur cette institution vraiment nationale l'espoir de la France, comme devant procurer à l'Etat et à la société des princes sages et une pépinière d'hommes vertueux et instruits qui auraient servi d'exemples, et qui, avec le tems, auraient contribué à régénérer le peuple Français et la morale publique, fondée principalement sur les principes de la religion, sans laquelle il n'y a pas de vraie vertu.

Pour ne pas trop allonger cet écrit, je passe sous silence d'autres établissemens utiles qu'on aurait pu fonder dans l'enceinte du territoire national, tous tendant au même but et qui auraient produit de grands et heureux résultats dans l'Etat et la société.

Je ne parlerai pas non plus de tous ces principes d'équité générale qui tiennent une si grande place et qui sont si emphatiquement proclamés dans nos modernes constitutions; telles que la liberté des cultes, l'égalité des droits, la garantie des personnes et des propriétés, la liberté de la presse, la justice distributive, etc. Tout cela est de droit dans tout Etat bien ordonné. Ce n'est pas là ce qu'on appelle proprement la constitution d'un gouvernement qui le distingue des autres. Et puis à quoi ont abouti toutes ces idées libérales, ces principes métaphysiques insérés dans nos célèbres constitutions ? En a-t-on moins violé les droits de l'homme et ceux du peuple ? le gouvernement en est-il devenu plus stable et la France plus heureuse ? l'expérience a d'avance fourni la réponse. Je

m'abstiendrai aussi de faire entrer dans cet
essai des articles réglementaires qui ne doi-
vent pas trouver place dans une charte fondamentale, et qui sont l'objet de lois particulières, auxquelles il faut renvoyer les détails.

Il ne me reste plus qu'à parler de la noblesse, qui formait une partie essentielle de
l'antique Constitution Française. Fidèle à mes
principes de réformation et de perfectionne-
ment, bien éloigné du système de destruction
totale adopté par nos assemblées révolution-
naires, au lieu de supprimer la noblesse, j'a-
vais cherché à la rappeler à sa première ori-
gine, à la purifier, à la rendre plus respectable et plus utile. Ce n'est plus dans mon
plan un vain titre, c'était une réalité.

Je distinguais la noblesse en trois classes ;
savoir : 1°. la noblesse de sang, affectée uni-
quement à la famille Royale et à celles des
douze pairs de France; 2°. la noblesse de
nom, qui s'attachait au nom des grands
hommes de tous les Etats, et de ceux qui s'é-
taient illustrés par des services émineus et
réels rendus à l'Etat et à la société, dignes
d'être conservés dans la mémoire, et dont l'é-
clat réjaillissait sur leurs descendans, sans
être propres à ceux-ci ; 3°. la noblesse réelle,

qui était inhérente à la personne qui en était revêtue et qui supposait une âme grande et des sentimens nobles, justifiés par des services rendus à la patrie et une conduite irréprochable.

Les deux premières espèces de noblesse étaient héréditaires ; mais elles pouvaient n'être pas toujours accompagnées de la noblesse réelle. Il fallait que celle-ci fût conférée aux nobles de sang et de nom, pour qu'ils pussent en prendre le titre, et jouir des honneurs qui y étaient attachés.

C'était l'opinion publique qui décernait la noblesse réelle, et celle de nom. Il y avait des formes simples pour recueillir et constater cette opinion. Le Souverain la confirmait et lui donnait l'authenticité par ses lettres. La noblesse réelle s'éteignait avec la personne qui en était revêtue; mais elle pouvait se convertir en noblesse de nom, en faveur de ses descendans, si les services et l'éclat du mérite du défunt étaient assez frappans, pour se conserver dans la mémoire des hommes. En effet, sans cela, qu'est-ce que la noblesse de nom ? elle est dépourvue de fondement. Et combien y a-t-il de nos nobles anciens et modernes, dont les lettres ne pourraient pas supporter l'examen ?

L'une des attributions et priviléges des pairs du royaume, consistait en ce que, dans le cas d'extinction totale de la famille Royale, ils étaient éligibles au trône de France. C'était dans une assemblée solennelle du Parlement, présidée par le chancelier, les pairs étant présens et donnant leurs suffrages, que devait se faire le choix de l'un d'eux, le plus digne suivant l'opinion publique, et au jugement du Parlement.

Quoique le cas de l'extinction de la famille Royale soit très-rare , ce ne serait pas moins ici un article très-important de la Charte fondamentale. Il pourrait prévenir des dissentions et de grands malheurs.

Tel est à peu près le précis de mon plan, par lequel on voit que je conservais le fond et l'esprit de l'ancienne Constitution française, en tâchant, comme je l'ai dit, de la perfectionner. Il me semble que ce plan caractériserait le peuple Français, et serait plus propre à le régénérer et à faire son bonheur que tous ceux qui ont été jusqu'ici présentés.

Il m'a paru que la communication de cet essai pourrait être de quelque utilité, dans ce moment où l'on va s'occuper d'une constitution Royale, sous les auspices du Roi que la Providence vient de rendre à la France.

Français! revenons, s'il se peut, à la simplicité de nos pères : c'est le seul moyen de rappeler le bonheur dans notre malheureuse patrie!

Par un ancien Membre du Tiers,
à une assemblée baillagère,

H.

Mai 1814.

DE L'IMPRIMERIE DE L.-P. SETIER FILS.